Vente du Samedi 5 Novembre 1892
HOTEL DROUOT, SALLE N° 3

ESTAMPES

ANCIENNES ET MODERNES

MINIATURES — DESSINS
CADRES
GRAVURES EN LOTS

Mᵉ Maurice DELESTRE
Commissaire-Priseur
27, RUE DROUOT, 27

M. P. ROBLIN
Marchand d'Estampes
65, RUE SAINT LAZARE, 65

PARIS — 1892

Imp. Pairault & Cie, 3, passage Nollet, Paris.

CATALOGUE

D'ESTAMPES

DE

l'École Française

Imprimées en Noir et en Couleur

DESSINS SUR LE SPORT

VIGNETTES, DESSINS, MINIATURES

TABLEAUX, CADRES

GRAVURES EN LOTS

DONT LA VENTE AUX ENCHÈRES PUBLIQUES AURA LIEU

HOTEL DES COMMISSAIRES-PRISEURS

9, Rue Drouot.—Salle n° 3

Le Samedi 5 Novembre 1892

à 1 heure 1/2 précises

Exposition avant la Vente

Par le ministère de Me **Maurice DELESTRE**, Commissaire-Priseur;
27, Rue Drouot, 27

Assisté de **M. P. ROBLIN**, Marchand d'Estampes,
65, rue Saint-Lazare, 65

PARIS — 1892

CONDITIONS DE LA VENTE

Elle sera faite au comptant.

Les Acquéreurs paieront *cinq pour cent* en sus des enchères applicables aux frais.

M. P. ROBLIN se réserve la faculté de rassembler ou de diviser les lots, et se charge de remplir les Commissions des personnes qui ne pourraient assister à la Vente.

ORDRE DE LA VACATION

Tableaux, Miniatures, Cadres, Gravures et Dessins en lots.

Estampes et Dessins catalogués. . . . . Nos 1 à 212

ESTAMPES

ALIX (P.-M.)

1 — *D'Alembert. — Descartes. — Helvetius. — Pie VII. — Voltaire.* Cinq portraits en couleur ; marges.

ALLAIS (L.-J.)

2 — Le matin, d'après Laffite, gravé en couleur ; grandes marges.

AUBRY *(*d'après E.)

3 — La dame bienfaisante, gravé par J.-J. Le Veau ; très belle épreuve avant la lettre ; toute marge.

BANCE (A Paris chez)

4 — Henry et Jessy, gravé en couleur, belle épreuve en feuille.

BASSET (à Paris chez)

5 — Mutius Scévola. — Tomaso Annello ; deux pièces en couleur, d'après Le Cler, marges.

BAUDOUIN (d'après)

6 — Le fruit de l'amour secret, gravé par Voyez le jeune ; très belle épreuve avec marges.

7 — Le matin, gravé par de Ghendt ; belle épreuve avant la lettre, marges (petits raccommodages).

8 — Le soir. — La nuit; deux pièces gravées par de Ghendt; belles épreuves.

BELJAMBE (P.)

9 — Cou-cou, d'après Leroy; belle épreuve avant la lettre, petites marges.

BERTAUX (d'après)

10 — Le Charlatan français. — Le Charlatan allemand, deux pièces gravées par Helman; belles épreuves à toute marge.

BERTON (A Paris chez Mme)

11 — Le matin. — Le midy. — Le soir. — La nuit; quatre pièces gravées en couleur, très belles épreuves en feuille.

BOILLY (d'après L.)

12 — Le prélude de Nina, gravé par Chaponnier; belle épreuve avant la lettre, grandes marges, encadré.

13 — Ah! le méchant! — Ah! comme t'en tiens; deux pièces imprimées en bistre, marges.

BONNET (L.)

14 — Bazile et Laurette, d'après Aubry; belle épreuve en couleur, grandes marges.

15 — Etude de la sculpture. — Etude de l'architecture. — Etude du dessin. — Etude de la musique. — Tête d'expression; six pièces à la sanguine, marges.

16 — La Sagesse et la Justice. — Le Retour de la pêche. — Le toucher. — Vestale allant faire son offrande.— Etude de tête; cinq pièces à la sanguine, marges.

BOREL (d'après)

17 — La faute est faite, permettez qu'il la répare, gravé par Anselin; très belle épreuve avant la dédicace, grandes marges.

18 — L'Innocence en danger, gravé par F. Huot; belle épreuve à toute marge.

19 — Le marchand d'orviétan, gravé en couleur par Léveillé; belle épreuve, petites marges.

BOREL et **AUBRY** (d'après)

20 — Le mariage conclu. — Le mariage rompu, deux pièces faisant pendants, gravé par R. de Launay; belles épreuves à toute marge.

BOUCHER (d'après Fr.)

21 — L'enlèvement d'Europe, par Cl. Duflos; très belle épreuve.

22 — Le doux entretien. — Le sommeil interrompu, deux pièces à la sanguine, par L. Bonnet: belles épreuves, marges.

23 — L'infortunée Pourvoieuse. — Le Messager fidèle, par Ouvrier et Duverbret; deux pièces dont une à l'eau-forte pure.

24 — Sylvie délivré par Aminte, gravé par Gaillard, très belle épreuve grandes marges.

BOUCHER et **VANLOO** (d'après)

25 — La chasse à l'ours. — La chasse au tigre, deux pièces; belles épreuves à l'eau-forte pure, grandes marges.

CHAPUY (J.-B.)

26 — Vue perspective du Champ de Mars, jour du serment civique prononcé par la Nation française assemblée à Paris, le 14 juillet 1790, d'après Le Roy; épreuve en couleur, marges.

CHARDIN (d'après)

27 — La gouvernante, gravé par Lépicié; très belle épreuve avant toute lettre, petites marges.

28 — La Pourvoieuse. — La gouvernante. — La bonne mère; trois pièces, belles épreuves.

CHEREAU (A Paris chez J.)

29 — Coiffures, huit sujets sur la même feuille ; belle épreuve coloriée, marges.

COCHIN et **GRAVELOT** (d'après)

30 — Inauguration de la place Louis XV. — Minerve annonce la paix à la ville de Paris. — Convalescence de Louis XIV. — Allégorie sur le mariage de la duchesse de Bourgogne, etc.; cinq pièces, superbes épreuves avant la lettre, en feuilles.

31 — Trois planches doubles des précédentes, épreuves à l'eau-forte pure.

COSWAY (Maria)

32 — Son portrait d'après elle-même. — M. R. Cosway, d'après lui-même ; deux pièces gravées, en couleur, belles épreuves, marges.

CREWE ('après)

33 — Annette et Lubin, gravé en couleur par Verhelst ; belle épreuve, grandes marges.

DEBUCOURT (P.-L.)

34 — *Alexandre Ier*. — *Louis XVIII* ; deux portraits en couleur.

35 — L'Orange, superbe épreuve avant toute lettre ; marges.

36 — Le chiffonnier. — Passez, Payez. — Route de Poissy ; trois pièces, dont deux en couleur, grandes marges.

37 — Le porc brulé. — Berceau de Paul et Virginie. — Les premiers pas de Paul et Virginie ; trois pièces en couleur, dont une avant la lettre, marges.

DEMARNE (d'après)

38 — La promenade du matin, gravé en couleur, par Morret ; belle épreuve avec marges.

DEMARTEAU

39 — *Abbé Pommyer.* — Portraits d'hommes ; trois pièces à la sanguine, grandes marges.

DEROSIER (d'après)

40 — Le déjeuner du modèle, gravé en couleur par Sombret ; belle épreuve, marges.

DESRAIS (genre de)

41 — La femme de chambre, gravé en bistre ; belle épreuve avec marges.

DEVOUGE (d'après)

42 — Le voyage à Cithère, deux épreuves dont une avant toute lettre ; grandes marges.

DRULIN (d'après)

43 — Vue de la galerie du Palais-Royal. Lithographie de C. Motte, belle épreuve coloriée avant la lettre.

ÉCOLE ANGLAISE

44 — Sous ce numéro, il sera vendu par lots environ cent pièces à la manière noire et en couleur.

ÉCOLE FRANÇAISE

45 — La bonne mère, superbe épreuve gravée en couleur, avant toute lettre ; marges, encadrée.

46 — Sous ce numéro, il sera vendu par lots environ 1200 pièces en noir et en couleur.

EISEN (d'après Ch.)

47 — Le jour. — La nuit, deux pièces faisant pendants, gravées par Patas : belles épreuves, marges.

48 — Les amusements champêtres. — Le concert champêtre. — Les plaisirs champêtres. — Le bal champêtre, quatre pièces gravées par de Longueil, très belles épreuves avant les numéros, grandes marges.

49 — Le matin. — Le midy. — L'après-midy. — Le soir, quatre pièces gravées par de Longueil ; très belles épreuves avant les numéros, grandes marges.

50 — Le Printemps. — L'Eté. — L'Automne. — L'Hiver, quatre pièces gravées par de Longueil ; belles épreuves avant les numéros; grandes marges.

FESSARD

51 — Triomphe de Rameau. — Mort de Pouple, chirurgien de M. de Voltaire, deux pièces, d'après P. L. Dorond ; belles épreuves avant les noms d'artistes, marges.

FLIPART

52 — *J. de Ronceray, épouse de M. Favart*, d'après Cochin ; superbe épreuve avant la lettre.

FRAGONARD (d'après Honoré)

53 — La cachette découverte, par N. de Launay ; superbe épreuve à l'eau-forte pure, en feuille.

54 — Le chemise enlevée, gravé par Guersant ; superbe épreuve, grandes marges.

55 — Pèlerinage à Saint-Nicolas ; belle épreuve avant la lettre, marges.

FREUDEBERG (d'après)

56 — Les Confidences, gravé par Lingée ; belle épreuve avant le numéro, marges.

57 — L'Evènement au bal, par Duclos ; belle épreuve avant le numéro, petites marges.

58 — La Promenade du soir. — La complaisance maternelle, deux pièces par Ingouf et N. de Launay.

59 — Le soldat en semestre, gravé par Ingouf, très belle épreuve avant la lettre, toute marge.

GALERIE DE LA PRESSE

60 — Trente portraits de personnages de l'époque romantique ; épreuves du 1er tirage.

GARNERAI (d'après)

61 — La Jarretière, gravé par Michault et Legrand ; très belle épreuve avant la lettre, marges.

GREUZE (d'après)

62 — L'accordée de village. — L'exemple d'humanité. — L'heureux ménage, trois pièces ; belles épreuves.

63 — Le Benédicité, gravé par P. Laurent ; belle épreuve avant toute lettre, petites marges.

64 — La diseuse de bonne aventure, à la manière de lavis, encadré.

65 — Le fils ingrat. — Le divertissement gracieux d'une famille villageoise. — La piété filiale, trois pièces ; belles épreuves.

66 — La lecture de la Bible ; très belle épreuve avant toute lettre, petites marges.

67 — L'offrande à l'amour, gravé par Macret. — La même composition réduite, deux pièces ; belles épreuves.

68 — Les œufs cassés ; superbe épreuve avant toute lettre, marges.

69 — La voluptueuse, gravé par R. Gaillard ; très belles épreuves, petites marges.

GUYOT

70 — Ruine d'une galerie antique de Rome. — Ruine de la partie intérieure d'une Basilique de Rome, trois pièces en couleur d'après Hubert-Robert ; belles épreuves dont une avant la lettre.

HOIN (Claude)

71 — La mort de Marie-Madeleine d'après Greuze; belle épreuve imprimée en bistre, grandes marges.

HUBER

72 — Différents airs en 30 tableaux de M. de Voltaire, eau-forte; belle épreuve à toute marge.

HUET (d'après)

73 — L'amant écouté, gravé en couleur par Bonnet; très belle épreuve, sans marges.

74 — Diane au bain. — Jupiter métamorphosé en Diane. — Le Triomphe d'Ariane, trois pièces gravées en couleur par Bonnet; belles épreuves avec marges.

75 — Le Midi. — La Dormeuse. — l'Été, trois pièces gravées en couleur par Bonnet; belles épreuves, marges.

JANINET

76 — Son portrait gravé en bistre; belle épreuve, marges.

JANINET (à Paris chez)

77 — La vestale. — Les plaisirs champêtres, deux pièces d'après Carême et autres; belles épreuves en couleur, grandes marges.

JAZET

78 — Les petits bourgeois parisiens en partie de campagne, ou le diner renversé. — La pluie d'orage, ou le désagrément de diner en plein air, deux pièces coloriées d'après Cœuré et Thomas; épreuves à toute marge.

JENKINS (Published by J.)

79 — The Quarter-Deek of the Queen Charlotte, during the bombardment of Algiers, August 2 7th 1816, pièce coloriée à toute marge.

KOBELL (I.)

80 — Les emblêmes du saint Empire, 110 planches gravées sur bois, relié.

LARMESSIN (de)

81 — Recueil de cent cinquante portraits de personnages français et étrangers, relié.

LAWREINCE (d'après)

82 — Ah! Quel doux plaisir, gravé en bistre, par Copia; très belle épreuve, marges.

83 — L'assemblée au salon. — L'assemblée au concert, deux pièces faisant pendants, gravées par Dequevauvillers; épreuves avec marges.

84 — La balançoire mystérieuse. — Les Nymphes scrupuleuses, deux pièces par Vidal; très belles épreuves, marges.

85 — L'innocence en danger, gravé par Caquet; très belle épreuve, petites marges.

86 — Le lever des ouvrières en modes. — Le coucher des ouvrières en modes, deux pièces faisant pendants, gravées par F. Dequevauviller; belles épreuves, encadrées.

87 — Les Nymphes scrupuleuses, gravé par Vidal; épreuve à toute marges.

88 — Le repentir tardif, par Le Villain; belle épreuve, encadrée.

89 — La sentinelle en défaut, gravée par Darcis, belle épreuve avant la lettre, marges.

LAWREINCE & SIMONAU (d'après)

90 — On y va deux. — Il n'est plus temps, deux pièces gravées en bistre et couleur par Benossi; très belles épreuves, marges.

LAWREINCE (attribué à)

91 — Têtes de femmes, cinq médaillons sur une feuille; belle épreuve en couleur. marges.

LE BEAU

92 — Conventions de mariage d'un vieux intéressé avec une fausse modeste à qui il demande une grosse dotte. — Le mari trompé le lendemain du mariage, la fausse modeste fait apporté sa dotte, deux pièces faisant pendants; belles épreuves à toute marge.

93 — L'intrigue découverte, d'après Le Brun; belle épreuve, petites marges.

94 — La partie d'œufs frais. — La réalité du plaisir, deux pièces; belles épreuves grandes marges.

LE BRUN (d'après)

95 — L'heureux ménage, ou les époux vertueux. — L'épouse mal gardée, ou le mariage à la mode, deux pièces par Dambrun et Martini; très belles épreuves, marges.

96 — Le repas du matin. — La peinture, deux pièces gravées par Dambrun; belles épreuves dont une avant l'adresse, marges.

LE BRUN (d'après Mme Vigée)

97 — Vénus liant les ailes de l'amour, gravé par C. G. Schulze; superbe épreuve avant la lettre, grandes marges.

98 — La même estampe; épreuve à l'eau-forte pure, grandes marges,

LE MIRE (N.)

99 — La pupille, d'après Decamps. — La crainte, d'après Le Prince, deux pièces; belles épreuves, marges.

LETELLIER (C. F.)

100 — La Curieuse, d'après F. Imbert; deux épreuves dont une avant la lettre, grandes marges.

LE VACHEZ

101 — Oh ! c'est bien çà ! d'après Carle Vernet; belle épreuve en couleur, marges.

MALLET (d'après)

102 — L'amour les conduit. — L'amitié les ramène, deux pièces par J. Prudhon fils ; belles épreuves.

103 — Le Jocket, gravé en couleur, belle épreuve, avec marges.

MARIN (L.)

104 — The welcome Necos et son pendant, deux pièces gravées en couleur, d'après Le Prince ; belles épreuves, petites marges.

MARTIN (Miss)

105 — A Lady in a Morning Dress, d'après Gardner ; belle épreuve en couleur, à toute marge.

MARTINET (à Paris chez)

106 — La balançoire. — L'escarpolette, deux pièces faisant pendants ; belles épreuves avec marges.

MASQUELIER LE JEUNE

107 — La Rose perdue, deux épreuves dont une avant la lettre, sans marge.

MASSARD (Louise)

108 — La France remerciant Marie-Thérèse de lui avoir donné pour reine sa fille Marie-Antoinette ; belle épreuve, grandes marges.

109 — Plan général de la ville de Reims, d'ap. C. N. Cochin ; belle épreuve à toute marge.

MIXELLE

110 — L'élève intéressante, gravé en couleur, d'ap. Mlle Gérard ; belle épreuve avant la lettre à toute marge.

MIXELLE (à Paris chez)

111 — Le retour du soldat; belle épreuve imprimée en couleur, marges.

MOITTÉ (d'après)

112 — Le jaloux endormi, par Vidal; belle épreuve, marges.

113 — La même estampe, superbe épreuve avant la lettre, toute marge,

MONNET (d'après Ch.)

114 — L'amour à la campagne, deux pièces; dont une à l'eau-forte pure, marges.

115 — Jupiter et Anthiope. — Salmacis et Hermaphrodite, deux pièces par Vidal; belles épreuves, marges.

116 — Les vœux du peuple, confirmés par la religion, gravé par Née et Masquelier; deux épreuves dont une à l'eau-forte pure, marges.

MOREAU LE JEUNE (J. M.)

117 — Bethzabée au bain. d'après Rembrandt; très belle épreuve, sans marges.

118 — Saint-Charles prenant soin des pestiférés, deux épreuves dont une à l'eau-forte pure, marges.

119 — *Esprit Fléchier*, évêque de Nimes, belle épreuve, marges.

MOREAU LE JEUNE (d'après)

120 — *J. J. Guillotin*, ancien professeur de la faculté de médecine de Paris, gravé par B. L. Prévost; très belle épreuve, marges.

121 — *Marie-Antoinette*, gravé par Le Veau, pour les œuvres de Métastase; belle épreuve à l'eau-forte pure, marges,

122 — La dame du palais de la Reine. — La rencontre du bois de Boulogne. — C'est un fils Monsieur! — Les délices de la Maternité. — J'en accepte l'heureux présage, cinq pièces in-12, pour la réduction du monument du costume; belles épreuves, dont une avant toute lettre.

123 — La course des chevaux. — Le pari gagné, deux pièces par Camligue et Guttemberg ; belles épreuves, avec A. P. D. R., marges.

124 — Adam et Eve dans le paradis terrestre, gravé par L. Legrand ; belle épreuve avant la lettre, grandes marges.

125 — Réception de Mirabeau aux Champs-Elysées, gravé par Masquelier ; belle épreuve avant la lettre, marges.

126 — Tombeau de Jean-Jacques Rousseau, gr. par F. G. Lardy ; belle épreuve en feuille.

127 — Voyage pittoresque de la Grèce, vingt-trois pièces, eaux-fortes, et avant la lettre marges.

MOREAU (d'après Louis)

128 — L'escarpolette. — Le villageois entreprenant, deux pièces faisant pendants, gravées par Germain et Patas ; superbes épreuves avant les armes et avant la dédicace, grandes marges.

MORLAND (d'après)

129 — Traite des Nègres. — L'africain hospitalier, deux pièces imprimées en couleur par la citoyenne Rollet ; belles épreuves, grandes marges.

PAROY (Le comte de)

130 — Lafontaine et ses fables. Composition ronde pour guéridon ; très belle épreuve à toute marge.

PIERRE (d'après J. B. M.)

131 — Bacchus et Ariane. — Sacrifice au Dieu Pan ; deux pièces gravées par Lempereur ; belles épreuves avec marges.

PORPORATI

132 — Le coucher à l'italienne d'après Vanloo, épreuve avec marges.

133 — La même estampe, superbe épreuve, avant la lettre, encadrée.

QUEVERDO (d'après)

134 — Le lever de la mariée. — Le coucher de la mariée, deux pièces faisant pendants, gravées par Dambrun et Patas; très belles épreuves, petites marges.

RAMBERG

135 — Le Rossignol. — Le villageois qui cherche son veau. — Joconde, trois pièces au trait, épreuves anciennes à toute marge.

REGNAULT (d'après)

136 — Gare s'il s'éveillait, gravé par Phelippeaux; très belle epreuve avant toute lettre, marges,

SAINT-AUBIN (d'après A. de)

137 — Le concert, par A. J. Duclos; très belle épreuve, marges.

138 — Les Remparts de Paris, par Courtois; très belle épreuve avant toute lettre, petites marges,

SAYER (Publ. chez)

139 — *Georges III.* — *Charlotte queen of great Britain*, deux portraits en couleur.

SCHALL (d'après)

140 — La mère effrayée, gravé par Schencker; belle épreuve avant la lettre, marges.

141 — Le modèle disposé, par Al. Chaponnier, petites marges.

SCHENAU (d'après)

142 — Le pardon général, gravé par Louise Gaillard; deux épreuves dont une à l'eau-forte pure, marges.

SERGENT

143 — Le général Marceau, gravé en couleur; belle épreuve ancienne, sans marges, encadré.

144 — Marie-Thérèse Charlotte de France, fille de Louis XVI, gravé en couleur et publié par Chr. de Méchel, superbe épreuve à toute marge.

SICARDI (d'après)

145 — Oh ! che gusto ! gravé en couleur par Copia ; belle épreuve, grandes marges.

SUJETS A TABATIÈRE

146 — Environ deux cents pièces imprimées en noir et en couleur seront vendues par lots.

SURUGUE LE FILS (P. L.)

147 — *Madame Favart* tenant le médaillon du Maréchal de Saxe, d'après Coypel ; très belle épreuve à toute marge.

VANGELISTY

148 — Enlèvement d'Europe ; très belle épreuve avant la lettre, petites marges.

VERNET (d'ap. Joseph)

149 — Pêche du matin. — 2me vue du Levant ; deux pièces gravées par Aliamet; très belles épreuves avant la lettre, marges.

150 — La tempête. — Le rocher dangereux, deux pièces par Balechou et Cardrée; belles épreuves, dont une avant la lettre.

VIEN (d'après)

151 — Dédale et Icare ; deux épreuves avant la lettre, dont une à l'eau-forte pure, marges.

VIGNETTES

152 — *Bracquemond*, suite complète de seize figures in-12 pour les œuvres de Rabelais ; épreuves sur whatman avant la lettre.

153 — *Chauvet*, un portrait et cinquante-trois vignettes tête de page pour les œuvres d'Erasme ; épreuves d'artiste.

154 — *Chodowiecky*, suite de douze figures in-18, pour la folle journée; belles épreuves.

155 — *Cochin le fils*, neuf figures in-4 pour la Jérusalem délivrée du Tasse ; épreuves à l'eau-forte pure.

156 — *Corboult*, cinq figures in-18, pour Paul et Virginie ; épreuves en triple état, eaux-fortes pures avec et avant la lettre, en feuilles.

157 — *Corboult*, suite de un portrait et dix figures in-8, pour Paul et Virginie ; épreuves en double état, eaux-fortes pures et avant la lettre.

158 — *Desrais*, six figures in-8, pour le dépit et le voyage de Bastide ; épreuves en feuilles.

159 — *Eisen* (Ch.), dix-neuf en têtes et culs de lampe pour les Fables de Dorat ; belles épreuves, tirage à part à toute marge.

160— Vingt-six entêtes et culs de lampe, pour les Fables de Dorat; épreuves en tirage à part, petites marges.

161 — Suite de six figures in-8, gravées par de Ghendt, pour Pygmalion ; belles épreuves à toute marge.

162 — Quarante et une vignettes et culs de lampe, pour l'introduction à l'histoire universelle de Puffendorf. tirages à part.

163 — *Eisen et Marillier*, sept vignettes et culs de lampe par les Sens, les Nouvelles historiques, les Fables de Dorat, épreuves avant la lettre, quatre sont à l'eau-forte pure.

164 — *Gravelot*, dix-huit vignettes tête de page pour la Jérusalem délivrée du Tasse, édition de 1774, tirages à part.

165 — *Le Barbier*, suite de un portrait par Dupreel et quatre figures in-8, pour la Religieuse de Diderot : épreuves avant la lettre.

166 — *Lefort, Courtry*, dix figures pour la chanson des nouveaux époux; épreuves avant la lettre sur papier de Chine.

167 — *Marillier*, un frontispice et quatre figures in-18 pour Tangu et Félime de Laharpe ; épreuves en feuilles.

168 — *Moreau le Jeune*, deux portraits et quarante-huit figures, pour les œuvres de Gessner, marges in-4.

169 — *Moreau le Jeune*, un portrait par Saint-Aubin et huit figures in-8, pour les œuvres de Gresset, édition Renouard ; épreuves avant la lettre, en feuilles.

170 — *Regnault et Lebarbier*, douze figures in-18, pour le Temple de Gnide, suivi d'Arsace et Isménie, plus 2 planches doubles en états différents ; belles épreuves avant la lettre, en feuilles.

171 — *Saint-Quentin*, suite complète de cinq figures in-8, gravée par Halbou, Liénard et Lingée, pour la Folle journée, épreuves en feuilles.

172 — *Simon et Coiny*, cent soixante figures in-18, pour les fables de Lafontaine ; épreuves avant les numéros, à toute marge.

173 — *Smirke*, vingt-quatre figures in-18, pour Gil Blas, 1822 ; belles épreuves avec la lettre grise sur papier de Chine, en feuilles.

WATTEAU (d'après)

174 — L'amour du théâtre italien, gravé par C. N. Cochin ; belle épreuve marges.

175 — Portraits de Watteau et de Monsieur de Julienne, par Tardieu ; très belle épreuve à toute marge.

WILLE (J. G.)

176 — Les délices maternels. — Les soins maternels, deux pièces faisant pendants ; belles épreuves en feuilles.

177 — La ménagère Hollandaise. — Repos de la Vierge. — La dévideuse, trois pièces dont une avant la lettre, petites marges.

WILLE FILS (d'après)

178 — La joueuse de Sistre, par Müller, superbe épreuve avant toute lettre, en feuilles.

WOLFF (d'après)

179 — La douceur. — L'amitié. — La douceur et l'amitié enchainent l'amour. — La fidélité couronne l'amour, quatre pièces encadrées.

DESSINS

180 — Album contenant environ quarante croquis à la mine de plomb. Vues du château d'Ermenonville, etc., cartonné.

BELLANGÉ (attribué à Hyppolite)

181 — Militaire faisant l'aumône, esquisse d'aquarelle, encadrée.

BOILLY (Louis)

182 — La vaccine, au crayon noir, encadré, provient de la vente de l'artiste.

CHARLET ?

183 — Grenadier de la garde, l'arme au pied, aquarelle.

COIGNET (J.)

184 — Paysages, deux pièces faisant pendants, crayon noir rehaussé de gouache, encadrés.

GREUZE

185 — La malédiction paternelle, sanguine, encadré.

JACQUES (Charles)

186 — Palfrenier bouchonnant un cheval, crayon noir, encadré.

JOHANNOT (Alfred)

187 — Kléber et Bonaparte à la bataille des Pyramides, mine de plomb.

KOBELL (F.)

188 — Paysages, deux pendants à la mine de plomb, rehaussés de gouache, signés 1767.

MONNET (Ch.)

189 — Chant XIII, de la Pucelle, édition de 1775, aquarelle.

190 — Zadig, la femme battue, pour les contes de Voltaire, plume et lavis de bistre.

SERGENT

191 — Deux compositions à la plume et au lavis d'encre de Chine, pour la Folle journée.

SPORT (dessins relatifs au)

192 — **Bedel** (Maurice). A travers la coupe, à la plume.

193 — **Bombled** (Ch.). Chasse au renard, à la plume.

194 — Rendez-vous de chasse, deux compositions à la plume et à la sépia.

195 — **Clermont-Gallerande** (A. de). Aux abois, plume gouachée.

196 — **Condamy** (de). Valets de chiens, plume rehaussée de gouache.

197 — **Decaen** (Alfred). Un équipage en déplacement, à la plume.

198 — **Dumoulin** (F.). Madame la Comtesse T. de la Martinière, portrait à la plume.

198 *bis* — Madame la Baronne de Krauze, portrait à la plume.

199 — **Gélibert** (Gaston). Menu. — La soustraction, deux compositions à la plume.

200 — **Gesne** (Albert de). Un valet de chiens, crayon noir rehaussé de blanc.

201 — **Le Natur**. Portrait de Madame la baronne Rothwiller, à la plume.

202 — **Jadin** (E.) Buse se laissant tomber sur un lapin, crayon noir.

203 — **Parquet** (Gustave). Portrait de cheval, beau dessin à la plume.

204 — **Petit** (J.). Dragon à cheval, plume rehaussée de gouache.

205 — **Tavernier** (Paul). Chasse au cerf, à la plume.

206 — **Thadome** (Eugène). Un assaut d'armes, à la plume.

207 — Renard dans un poulailler. — Renard surpris, deux dessins à la plume rehaussés de gouache.

THÉATRE

208 — Acteurs et actrices ayant interprété des rôles de Molière, vingt huit pièces, sépia et aquarelle.

209 — Théâtre Français, troupe de Nicolet, trente-six portraits à la plume et à la sépia.

210 — Comédie italienne, quarante-trois portraits au lavis de bistre.

211 — Sous ce numéro il sera vendu par lots environ cinq cents portraits d'acteurs et d'actrices de 1650 à 1750.

VERNET (attribué à Carle)

212 — Oh c'est bien ça ! crayon noir, encadré.

213 — Sous ce numéro il sera vendu par lots environ deux cents dessins de l'École française, plusieurs sont encadrés.

TABLEAUX, MINIATURES CADRES

214 — Allégorie sur la naissance du Roi de Rome, toile attribuée à P. P. Prud'hon.

215 — Environ vingt-cinq tableaux, sujets de genre, dessus de portes, portraits, esquisses, etc.

216 — Miniatures anciennes et modernes, esquisses, environ cent pièces, la plupart encadrées.

217 — Cadres et glaces à miniatures.

218 — Cadres en bois sculptés de tous styles, etc., etc.

Imp. Paltault & Cie, 3, passage Nollet, Paris.

www.ingramcontent.com/pod-product-compliance
Lightning Source LLC
LaVergne TN
LVHW021529140926
848035LV00047B/1258
* 9 7 8 2 3 2 9 5 2 8 7 2 4 *